CASSANDRE AVEUGLE,

OU

LE CONCERT D'ARLEQUIN,

COMÉDIE-PARADE EN UN ACTE,

MÊLÉE DE VAUDEVILLES,

PAR MM. CHAZET ET MOREAU;

Représentée, pour la première fois, sur le THÉATRE DU VAUDEVILLE, le 27 messidor an II.

en collaboration avec Dumersan

A PARIS,

CHEZ { HUET, Libraire, rue Vivienne, no. 8; CHARRON, passage Feydeau.

AN XI. — 1803.

PERSONNAGES.

CASSANDRE, aveugle, grand amateur de musique,	M. CHAPELLE.
DUBREUIL, ami de Cassandre, et bourgeois de Paris,	M. ÉDOUARD.
ARLEQUIN,	M. LAPORTE.
GILLES,	M. FICHET.
COLOMBINE, fille de M. Cassandre,	Mlle. DESMARRES.

La scène se passe dans l'appartement de M. Cassandre.

(Une table et des livres à droite des spectateurs, et un piano à gauche.)

COUPLETS D'ANNONCE.

AIR : De René Lesage.

L'aveugle que vous allez voir,
A vous plaire aujourd'hui s'applique,
Tout son desir est de pouvoir
Fermer les yeux de la critique.
Si vous ne le dirigez pas,
Hélas! que faut-il qu'il devienne?
Songez que de peur des faux pas,
Il a besoin qu'on le soutienne.

Même air.

Pour que ce soir rien n'aille mal,
Faites, messieurs, je vous en prie,
Que certain instrument fatal,
Ne nuise pas à l'harmonie.
A nos auteurs daignez, hélas!
Sauver des disgraces pareilles,
Et, par pitié, n'oubliez pas
Que notre aveugle a des oreilles.

S'addresser, pour la partition des airs de *Cassandre aveugle*, ainsi que des autres pièces, au *Théâtre du Vaudeville*, à *M. Weick*.

CASSANDRE AVEUGLE,

OU

LE CONCERT D'ARLEQUIN.

SCÈNE PREMIÈRE.

CASSANDRE, DUBREUIL, *causant assis.*

DUBREUIL.

Ah ça! décidément, tu viendras ce soir au concert de l'Opéra?....

CASSANDRE.

Un amateur, comme moi, ne peut pas s'en dispenser; on m'en a dit beaucoup de bien.

DUBREUIL.

Et l'on ne t'a pas trompé; mais as-tu fait louer une loge?

CASSANDRE.

Ma foi, non, j'y trouverai toujours une place.

DUBREUIL.

Depuis quelques jours elles sont toutes prises, tu risques d'être mal placé et de ne rien voir.

CASSANDRE.

De ne rien voir? oublies-tu que je suis aveugle? Gilles m'a promis un billet, il me tiendra parole; on traite bien son beau-père.

DUBREUIL.

Quoi?.... tu lui donnerais ta fille?...

CASSANDRE.

Je lui dois cela, c'est mon oculiste et mon lecteur.

DUBREUIL.

Ton lecteur?...

CASSANDRE.

Mon lecteur ordinaire.

DUBREUIL.

Oh! oui.... très-ordinaire....

CASSANDRE.

Il ne lit pas comme tout le monde.... Au reste, il a de qui tenir de père en fils.

AIR : *D'une abeille.*

Son père s'est couvert de gloire
Dans ce talent trop peu commun.
Il a lu les romans, l'histoire.

DUBREUIL.

Souvent tous les deux ne font qu'un.

CASSANDRE.

La bible et la mythologie :
Il a tout lu, sans contredit.

DUBREUIL.

Il n'a pas lu, je le parie,
L'art de faire un garçon d'esprit.

CASSANDRE.

Plaisanterie déplacée, monsieur.

DUBREUIL.

Mais songe donc que Gilles n'a rien.

CASSANDRE.

Comment, il n'a rien!

Même air.

Ignores-tu que l'ami Gilles
Est un herboriste savant?
Par-tout les simples sont utiles,
Et c'est un commerce excellent.

DUBREUIL.

Pour aller vîte à la fortune,
Vendre des simples! quel moyen!
L'espèce en devient si commune,
Qu'on en aura bientôt pour rien.

CASSANDRE.

Je vois que tu n'aimes pas Gilles.

DUBREUIL.

J'avouerai qu'Arlequin.....

CASSANDRE.

Est un fou, au lieu de s'appliquer à la musique, dont je raffole, il faisait des chansons, des comédies....

DUBREUIL.

Que veux-tu? c'est une épidémie.

AIR : Vaudeville de l'avare et son ami.

Vers les muses qu'il idolâtre,
Quand un jeune homme est entraîné;
De la carrière du théâtre,
Rarement il est détourné :
On lui parle sans qu'il écoute;
Il va de travers, il voit faux,
Mais la chûte vient à propos,
Pour le remettre dans sa route.

CASSANDRE.

Ce n'était pas le gendre qu'il me fallait; je veux un musicien, un homme qui puisse m'amuser.

DUBREUIL.

Je suis fâché que tu sois aveuglé sur le compte de Gilles.

CASSANDRE.

D'ailleurs, Arlequin!... n'est-il pas parti pour la Russie?...

DUBREUIL.

De désespoir...

CASSANDRE.

Ne devait-il pas revenir?

DUBREUIL.

Du 15 au 20 de ce mois, c'est aujourd'hui le dernier jour.

CASSANDRE.

Je dois beaucoup d'argent à Gilles, pour les soins qu'il a pris de moi; j'ai des raisons de le ménager, c'est un joli musicien...

DUBREUIL.

Il ne sait pas une note...

CASSANDRE.

Il joue agréablement de la clarinette!

DUBREUIL.

Oui, de routine!

CASSANDRE.

Jolie force d'amateur.

DUBREUIL.

C'est un sot.

CASSANDRE.

Gilles!

SCÈNE II.

CASSANDRE, DUBREUIL, GILLES.

GILLES.

OUI, papa Cassandre, c'est moi.

CASSANDRE.

Eh bien! ce billet pour l'Opéra?

GILLES.

Laissez donc, il est presqu'impossible d'en avoir: il y a autant de foule qu'à la Création du monde.

DUBREUIL.

Ce n'est pas peu dire.

GILLES.

AIR : Tout sera bientôt débité. (de René Lesage.)

Pour jouir des accords touchans
D'une musique enchanteresse,
A l'Opéra, de tems en tems,
On sait que la foule s'empresse.
Mais, quand par spéculation,
Et pour divertir à la ronde,
On donna la *Création*,
On ne vit pas la fin du monde.

Aujourd'hui ce sera de même.

Même air.

Le directeur de l'Opéra,
Prend des mesures efficaces :
Pour doubler la recette il a
Doublé, ce soir, le prix des places.

DUBREUIL.

De cet usage on fait abus :
A l'Opéra la foule abonde ;
Mais, s'il en coûte moitié plus,
On y voit moitié moins de monde.

CASSANDRE.

Je ne me paie pas de ces raisons là.

GILLES.

Je ferai mon possible pour vous contenter; mais, si vous voulez entendre de belle musique, que n'allez vous à l'opéra de Proserpine ?...

DUBREUIL.

Il a raison.

GILLES.

AIR : Vaudeville de l'Opéra-Comique.

En vain, sur l'opéra nouveau,
Je vois s'éveiller la critique ;
Je soutiens que tout en est beau,
Ballets, paroles et musique.
De tous les agrémens divers,
On y trouve l'heureux mélange ;
Et de plus, le dieu des enfers,
Qui chante comme un ange.

CASSANDRE.

Ce n'est pas Proserpine, c'est le concert que je veux entendre aujourd'hui.

GILLES.

Mais, M. Cassandre...

CASSANDRE.

J'ai parlé, qu'on m'obéisse. *(à Dubreuil.)* Donne-moi le bras jusques dans ma chambre.

DUBREUIL.

Vous entendez, M. Gilles.

CASSANDRE, *il sort en s'appuyant sur le bras de Dubreuil, et chante :*

« Un bandeau couvre les yeux
» Du dieu qui rend amoureux ».

SCÈNE III.

GILLES, *seul.*

Je crois qu'il est timbré; quel homme que ce M. Cassandre; il me fera perdre l'esprit.

AIR : De Dorylas.

Il me promet, puis il balance
D'hymen prêt à serrer les nœuds;
Malgré ma vive impatience,
Cet aveugle est sourd à mes vœux.
Je conçois qu'il me fasse attendre :
Il est dur, j'en suis convaincu,
D'être obligé de prendre pour son gendre
Un homme qu'on n'a jamais vu.

D'ailleurs, je suis sûr de la préférence, puisque je suis tout seul; Arlequin est toujours en Russie...

SCÈNE IV.

GILLES, ARLEQUIN *arrive en chantant.*

ARLEQUIN.

AIR : Ah ! que je sens d'impatience !

Je revois enfin ma patrie ;
Je revois tout ce qui m'est cher.

GILLES.

Mais je te croyais en Russie ;
Est-ce toi ?... Gille y voit-il clair ?

ARLEQUIN.

Oui, c'est moi, je te jure ;
Je reviens et j'abjure
Le desir trop léger
De voyager.
D'ailleurs, dans le monde il me semble
Que les plaisirs ne sont qu'épars.
Ici, les beaux arts ;
Là, des monumens ;
Des jardins charmans.
Vienne a ses palais,
Naples ses bosquets.
J'ai vu du pays,
Et pourtant, je dis : (4 *fois.*)
L'ensemble (*bis.*)
Ne se voit qu'à Paris. (*ter.*)

GILLES, *à part.*

J'enrage !.. (*haut.*) Parbleu, j'en suis enchanté : tu vas me donner des nouvelles de la Russie ?

ARLEQUIN.

Volontiers...

GILLES.

AIR : Contre-danse de l'Enfantine.

Ier. COUPLET.

Mon cher Arlequin, dis-moi,
Comment va l'amour en Russie ?

ARLEQUIN.

On n'aime que pour la vie :
La constance est une loi.
L'amant sensible et discret
Garde toujouts son secret.
Pendant vingt ans, à sa belle,
Il sait demeurer fidèle ;
Et sa maîtresse, à son tour,
Jamais ne change d'amour.

ENSEMBLE.

GILLES.	ARLEQUIN.
D'après le portrait qu'il fait,	Il croit à tous mes portraits ;
Ah ! combien je plains ma patrie !	Moi, j'admire sa bonhommie !
Les Russes sont des Français	Oui, Gille est, en bon français,
Bien plus loin que je ne croyais.	Bien plus sot que je ne croyais.

IIe. COUPLET.

GILLES.

Mon cher Arlequin, dis-moi
L'état des lettres en Russie ?

ARLEQUIN.

On est fou de poésie,
Et le bon goût fait la loi.
Les auteurs s'estiment tous ;
Rivaux sans être jaloux,
Ils donnent, à leurs confrères,
Des avis très-salutaires :
Leur but est de s'éclairer,
Jamais de se déchirer.

ENSEMBLE.

GILLES.	ARLEQUIN.
D'après le portrait, etc.	Il croit à tous, etc.

IIIe. COUPLET.

GILLES.

Mon cher Arlequin, dis-moi
Comment on débute en Russie ?

ARLEQUIN.

Une actrice est applaudie
Quand son talent fait la loi ;
Pour obtenir des succès,
On n'y vend pas les billets ;

Le jeu fait plus que l'intrigue;
Le spectateur, sans fatigue
Et sans courir de danger,
Tout comme il veut peut juger.

ENSEMBLE.

GILLES.	ARLEQUIN.
D'après le portrait, etc.	Il croit à tous, etc.

GILLES.

On dit qu'il n'y fait pas chaud dans les salles de spectacles?

ARLEQUIN.

Mon ami, cela dépend des ouvrages que l'on donne. Voici les observations que j'ai faites.

AIR: Voilà bien ces lâches mortels.

Mon cher, le *thermomètre* était,
Pendant *Phœdor*, au *froid durable*;
Et le *baromètre* marquait,
Pour *Héléna*, le *variable*;
Pour *Allamar* le vent siffla;
Pour *Isule* tempête entière;
Et le *beau tems* ne se fixa
Que pour le *Vieux Célibataire*.

GILLES.

Ton thermomètre est bon.

ARLEQUIN.

Mais, à ton tour, dis-moi, ce pays est-il bien changé?

GILLES.

Pas beaucoup, cependant nous avons quelques curiosités, entr'autres, un jardin....

ARLEQUIN.

Qu'on appelle......

GILLES.

Le jardin des Capucines.

AIR: Une fille est un oiseau.

Le public, soir et matin,
Vient contempler, à la ronde,
Tous les animaux du monde,
Rassemblés dans ce jardin.

L'éléphant et la baleine,
Le chameau que l'on promène,
La puce que l'on enchaîne,
Trouvent des admirateurs.
En un mot, les jours de fêtes,
Nous y comptons bien des bêtes.

ARLEQUIN.

Comptez-vous les spectateurs?

GILLES.

Nous avons encore les automates, le théâtre mécanique, le concert de l'Opéra, où je conduis ce soir M. Cassandre.

ARLEQUIN.

A propos, comment se porte-t-il?

GILLES.

Très-bien, à cela près qu'il est devenu aveugle depuis ton départ.

ARLEQUIN.

Ce pauvre cher homme!

GILLES.

Et moi je me suis fait oculiste, je lui ai promis de le guérir... et lui, en récompense, m'a promis la main de sa fille.

ARLEQUIN, *à part.*

Sangodémi!... je l'en empêcherai bien. (*haut.*) Tu vas l'épouser?... T'aimerait-elle?...

GILLES.

Eh! mon ami... sait-on jamais ce qu'une femme pense?...

ARLEQUIN.

C'est assez vrai; mais j'entends quelqu'un, serait-ce M. Cassandre?

GILLES.

Nous l'entendrions chanter...

ARLEQUIN.

Son goût pour la musique n'est donc pas diminué?...

GILLES.

Au contraire, depuis qu'il n'y voit plus clair, il joue du violon comme un aveugle.

ARLEQUIN.

Cours à l'Opéra pour les billets, moi j'entre chez M. Cassandre.

GILLES.

Je ne fais qu'un saut, et je reviens de même.

SCÈNE V.

COLOMBINE, *seule.*

PAUVRE Arlequin, l'absence ne peut me le faire oublier!

AIR nouveau.

Chaque nuit mon ame abusée
Se flatte qu'il n'est plus absent;
Le charme heureux de la pensée,
Me rapproche de mon amant.
Du sort cruel qui me l'enlève,
Je me venge sur le sommeil:
Je vois son portrait dans un rève,

ARLEQUIN, *accourant.*

Et le modèle à ton réveil.

SCÈNE VI.

COLOMBINE, ARLEQUIN.

COLOMBINE.

EST-CE bien toi?...

ARLEQUIN.

Oui, ma bonne amie, moi-même, qui reviens auprès de sa fidelle Colombine.

COLOMBINE.

Ce cher Arlequin.

AIR : Sans un petit brin d'amour.

Te voilà donc de retour!
Pour mon amour,
Quel heureux jour!

ARLEQUIN.

De plaisir
Je vais mourir;
Ah! quel moment
Charmant!

Dans le chemin,
Ta fripponne de mine
Faisait soudain
Fuir le chagrin.
Je ne vivais, loin de ma Colombine,
Que dans l'espoir
De la revoir.

ENSEMBLE.

Oui, me voilà } de retour.
Te voilà donc }

Pour notre amour,
Quel heureux jour!
De plaisir
Je vais mourir;
Ah! quel moment
Charmant!

COLOMBINE.

Ah! mon ami, tout est bien changé depuis ton départ.....

ARLEQUIN.

Ce n'est pas toi... car tu es toujours bien jolie.

COLOMBINE.

Mon père veut me faire épouser Gilles...

ARLEQUIN.

Il m'avait donné sa parole....

COLOMBINE.

Mais aussi tu n'es pas revenu.

ARLEQUIN.

Me voilà !

COLOMBINE.

Gilles a beaucoup d'argent.

ARLEQUIN.

J'en ai plus que lui !

COLOMBINE.

Il a la promesse de mon père...

ARLEQUIN.

N'ai-je pas ton cœur ?...

COLOMBINE.

Il doit lui faire entendre de la musique.

ARLEQUIN.

Je lui ferai entendre raison.

COLOMBINE.

Il doit le mener au concert.

ARLEQUIN.

Je m'en charge.

COLOMBINE.

Mais par quel moyen ?...

ARLEQUIN,

Tu le sauras....

SCÈNE VII.

ARLEQUIN, COLOMBINE, CASSANDRE.

CASSANDRE, *dans la coulisse.*

Eh bien, ma fille, où es-tu donc ?...

ARLEQUIN.

Ciel ! ton père.

COLOMBINE.

Reste...

CASSANDRE.

Ma fille, allons donc.

COLOMBINE.

Me voilà, mon père.

CASSANDRE, *entrant.*

Allons, mon enfant, donne-moi le bras. *(Il prend le bras d'Arlequin.)*

COLOMBINE.

Appuyez-vous sur moi.

CASSANDRE, *chante.*

« Tous mes maux retombent sur toi,
» O ma chère Antigone » !

COLOMBINE.

Mon père, c'est Arlequin.

ARLEQUIN.

Bon jour, M. Cassandre...

CASSANDRE.

Ah! vous voilà, M. Arlequin; vous avez été bien long-tems absent.

ARLEQUIN.

Le moins que j'ai pu.

CASSANDRE.

Qu'est-ce que vous avez été faire en Russie?...

ARLEQUIN.

Gagner de l'argent.

CASSANDRE.

Ah! diable, et puis?...

ARLEQUIN.

Je suis devenu bon musicien.

CASSANDRE.

Ah ! ah ! c'est différent.

COLOMBINE.

Oh ! oui mon père, si vous saviez...

CASSANDRE.

Oui, mon père... c'est bon ; c'est bon.

ARLEQUIN.

M. Cassandre... et notre mariage ?...

CASSANDRE.

Nous parlerons de cela dans un autre moment ; mais où donc est Gilles ? a-t-il oublié que c'est l'heure de ma lecture ?

ARLEQUIN.

M. Cassandre, je puis le remplacer.

CASSANDRE.

Volontiers, j'ai là des ouvrages nouveaux, que tu vas me lire...

ARLEQUIN.

Je suis tout prêt.

CASSANDRE.

Ma fille, tu peux t'en aller.

ARLEQUIN.

Pourquoi donc, M. Cassandre ?

AIR : Vaudeville de l'Asthenie.

J'en conviens et mon cœur m'absout,
Devant les femmes j'aime à lire :
L'instinct de la grace et du goût,
Et les dirige et les inspire.
Les femmes, par un art nouveau,
Savent, en jugeant un ouvrage,
Y reconnaître le vrai beau,
Comme on reconnaît son image.

CASSANDRE.

C'est joli, mais n'importe, ne reste pas avec nous, mon enfant.

COLOMBINE.

Vous le voulez ?...

CASSANDRE.

Mais ne t'éloigne pas, je puis avoir besoin de toi.

COLOMBINE.

Je ne serai pas loin...

CASSANDRE.

Ah ! cela Arlequin, quand tu voudras nous commencerons.

ARLEQUIN.

Où sont vos livres ?...

CASSANDRE.

Là, sur cette table.

ARLEQUIN.

Oui, je vois là beaucoup de nouveautés.

CASSANDRE.

Oh ! il y a du choix.

ARLEQUIN, *lisant.*

AIR : De Claudine.

Traité sur la patience.

CASSANDRE.

Les maris en ont besoin.

ARLEQUIN, *lit.*

Voyage au lac de Constance.

CASSANDRE.

Ce pays doit être loin.

ARLEQUIN, *lit.*

Nouveau cours sur la grammaire.

CASSANDRE.

Que de gens ne l'ont pas lu !

ARLEQUIN, *lit.*

L'art d'être heureux sur la terre.

CASSANDRE.

Ce livre est bien peu connu.

ARLEQUIN.

En voulez-vous un autre?

CASSANDRE.

Tu me feras plaisir.

ARLEQUIN, *lit.*

Hypolyte, tragédie en trois actes.

CASSANDRE.

Qu'est-ce que cela?...

ARLEQUIN.

C'est Phèdre refaite...

CASSANDRE.

Comment refaite?... mais Phèdre n'était pas mal!

ARLEQUIN, *lit.*

Pas mal, écoutez la préface de l'auteur.

« *Le style de Phèdre est souvent froid et languissant.*
» *Il y a dans Euripide, des scènes que Racine n'a fait*
» *qu'écrêmer, et je puis imiter Euripide sans retomber*
» *dans Racine* ».

CASSANDRE.

C'est un joli style.

ARLEQUIN, *lit.*

« *On ne peut se dissimuler que le récit de Théramène*
« *est rempli de fautes très-remarquables, et il n'est pas*
« *impossible de le faire mieux* ».

CASSANDRE.

Ah! voyons donc le mieux.

ARLEQUIN, *lit.*

« A son char attelés, ses chevaux intrépides
» L'attendaient sur les bords des campagnes liquides;

» Mais le prince sur eux bientôt perd tous ses droits.
» Perdant le souvenir de son auguste voix,
» En avant s'il les pousse, ils courent en arrière,
« Et changent tour-à-tour de vœux et de carrière.

CASSANDRE.

L'auteur a raison, cela ne ressemble pas à Racine.

ARLEQUIN.

Cela ne ressemble à rien.

CASSANDRE.

Comme tu l'arranges!

ARLEQUIN.

Comme il arrange Racine.

AIR : De Molière à Lyon.

Quand ce grand homme offre à nos yeux,
Phèdre entre l'amour et le crime,
On aime ses brûlans aveux,
On aime son remords sublime.
Auteurs, vous tenteriez en vain
D'offrir encor cette héroïne :
Il n'était permis qu'à *Guérin*,
D'oser la peindre après Racine.

CASSANDRE.

C'est juste. Lis-moi plutôt un chapitre des tableaux de famille.

ARLEQUIN.

Vous avez raison, cela sera plus en situation.

CASSANDRE.

J'écoute.

ARLEQUIN, *lit.*

« Celui qui choisit un bon gendre gagne un fils; « mais celui qui en choisit un mauvais perd une fille ».

CASSANDRE.

C'est pour cela que je ne marie pas vîte la mienne.

ARLEQUIN.

Je continue.

« Un père n'a pas dans toute sa vie un moment plus
» beau que celui où il unit sa fille à un homme qui
» peut la rendre heureuse ; sa famille semble s'aug-
» menter d'avance. Le père est entre la fille qu'il marie,
» et le gendre qu'il adopte : celui-ci, jaloux d'avancer
» son bonheur, veut dérober un baiser à la beauté
» timide qui le refuse pour qu'on le ravisse ».

(Il embrasse Colombine.)

CASSANDRE.

C'est charmant !

AIR : De Pauline.

Ce style m'émeut et m'entraîne :
Au cœur il offre une leçon.
Le nom de l'auteur ? . . .

ARLEQUIN.

Lafontaine.

CASSANDRE.

Il est bien digne de son nom.
Dans ses écrits le goût domine,
Et dans ses tableaux tout est bien ;
Mais il y manque Colombine.

ARLEQUIN.

Je trouve qu'il n'y manque rien.

SCÈNE VIII.

LES MÊMES, GILLES.

GILLES.

M. Cassandre, je suis bien fâché, mais je n'ai pas pu avoir de billets.

CASSANDRE.

Comment, vous n'avez pas pu avoir de billets ?... vous êtes un sot, un imbécille ...

GILLES.

M. Cassandre ...

CASSANDRE.

Un animal, un idiot, et j'irai sans vous ; oui, j'irai ; et je vais faire ma toilette...*(il appelle Colombine.)* Ma fille... ma fille...

COLOMBINE.

Me voilà, mon père...

CASSANDRE.

Viens, mon enfant. Oui, j'irai ; je prendrai moi-même des billets : je me mettrai dans la foule...

(Il frédonne en sortant :)

« Je suis encor dans mon printems ».

SCÈNE IX.

ARLEQUIN, GILLES.

GILLES, *en colère.*

C'EST affreux ! c'est abominable !...

ARLEQUIN.

Que t'est-il donc arrivé ?...

GILLES.

Ce qui m'est arrivé ?.. je n'ai pas pu avoir de billets... je te dis.

ARLEQUIN.

C'est fâcheux !...

GILLES.

Tu ne sais pas mon embarras ? M. Cassandre m'a promis sa fille, je flatte ses goûts, je le ménage. J'espérais, en le menant ce soir à l'Opéra, avancer mes affaires.

ARLEQUIN, *à part.*

Oh ! la bonne idée. *(haut.)* Eh ! bien, Gilles, je veux te rendre service.

GILLES.

Vrai ?...

ARLEQUIN.

Oui, mon ami.

GILLES.

C'est trop beau, je n'ose le croire.

ARLEQUIN.

Te méfies-tu de moi?...

GILLES.

Je ne me méfie de personne.

ARLEQUIN.

Eh bien, cours vite m'emprunter quelque part une guittare: apporte-la moi, je te dirai mon projet.

GILLES.

Ne puis-je savoir?...

ARLEQUIN.

Tu sauras tout. Puisque M. Cassandre ne peut aller au Concert, nous lui donnerons...

GILLES.

Ah! je comprends; mais s'il va se douter?..

ARLEQUIN.

Un Cassandre se doute-t-il jamais de rien?

GILLES.

Comment exécuter?...

ARLEQUIN.

Le grand embarras; cours inviter quelques musiciens revenus avec moi de Russie, et qui demeurent dans cette maison; je me charge du reste.

GILLES.

J'y vais, faut-il que j'apporte aussi ma clarinette?...

ARLEQUIN.

Sans doute; en revenant, n'oublie pas d'amener une voiture.

GILLES.

Sois tranquille, je n'oublierai rien.

ARLEQUIN.

Ah! Gilles, n'oublie pas non plus un bon avis que je vais te donner.

GILLES.

Lequel?...

ARLEQUIN.

Tu m'as dit que Colombine ne t'aimait guère.

GILLES.

J'en ai peur!

ARLEQUIN.

J'en sais la raison; tu as l'air de tenir plus au consentement de son père qu'au sien.

GILLES.

Oh! ça, c'est vrai.

ARLEQUIN.

C'est ce qu'il ne faut pas.

AIR : De Fanchon.

Toi, la délicatesse même,
Mon ami, tu dois concevoir
Qu'il vaut mieux tenir ce qu'on aime
Du sentiment que du devoir.
La fille même qui se donne
A l'objet qu'a choisi son cœur,
Ne veut pas que son père ordonne,
Mais qu'il approuve son bonheur.

GILLES.

Eh bien, que faut-il faire?

ARLEQUIN.

Changer de conduite avec Colombine: c'est une fille un peu romanesque, je t'en préviens.

GILLES.

Eh bien, c'est dit; puisque c'est comme ca, à la première occasion je lui dirai que je me moque du consentement du papa, et que le sien me suffit.

ARLEQUIN.

C'est ça ; et je t'en ménagerai l'occasion : va, vole, et reviens.

GILLES.

Je reviens, et je vole.

ARLEQUIN.

La bonne dupe.

SCÈNE X.

ARLEQUIN, COLOMBINE.

COLOMBINE.

GILLES s'en va, je puis entrer.

ARLEQUIN.

Ah ! te voilà, ma chère amie ?...

COLOMBINE.

J'ai de bonnes nouvelles.

ARLEQUIN.

J'ai de bonnes idées.

COLOMBINE.

J'appaiserai mon père.

ARLEQUIN.

Je suivrai mon projet.

COLOMBINE.

Mais, tu ne crains pas ?...

ARLEQUIN.

Gilles ? il est trop bête.

COLOMBINE.

C'est un méchant, il doute de tout.

ARLEQUIN.

C'est un sot, il ne doute de rien.

COLOMBINE.

Qu'a-t-il fait ?...

ARLEQUIN.

Il est allé chercher des musiciens.

COLOMBINE.

Mais, quel est ton but ?...

ARLEQUIN.

Notre bonheur...

COLOMBINE.

Explique-moi donc ?...

ARLEQUIN.

Ton père ne sait pas ce que c'est qu'un Concert de l'Opéra ?...

COLOMBINE.

Il n'en a jamais vu.

ARLEQUIN.

Tiens, prends cette romance.

COLOMBINE.

Tu l'as faite loin de moi ?...

ARLEQUIN.

Puisse-t-elle servir à nous rapprocher !...

COLOMBINE.

Je commence à comprendre ...

ARLEQUIN.

J'entends une voiture, va vîte avertir ton père.

COLOMBINE.

Je préparerai tout pour ton retour.

ARLEQUIN.

Et pour mon départ. *(Il l'embrasse.)*

SCÈNE XI.

LES MÊMES, GILLES, CASSANDRE, LES MUSICIENS.

GILLES, *bas à Arlequin.*

TIENS, voilà les musiciens qui sont venus avec moi. Entrez, messieurs, et faites le moins de bruit possible.

ARLEQUIN.

Bon! ce ne seraient pas des musiciens à la mode.

CASSANDRE, *entrant avec sa fille.*

Comment!...ce que ma fille me dit, serait-il vrai?... j'irais au Concert?...

ARLEQUIN.

Oui, M. Cassandre, j'ai un billet de premières loges.

CASSANDRE.

Quel bonheur!...

GILLES, *à part.*

Comme on l'attrape!

ARLEQUIN.

La voiture vous attend.

GILLES.

Ne le promène pas trop long-tems, Arlequin;... tout sera prêt.

CASSANDRE.

Allons, allons, adieu, ma fille, je te dirai en revenant des nouvelles du Concert. *(Il sort en chantant:)*

« Quel beau jour se dispose ».

SCÈNE XII.

GILLES, COLOMBINE, LES MUSICIENS.

GILLES.

LES voilà partis; messieurs, arrangez votre orchestre.

COLOMBINE.

Prenez là, dedans les pupitres qui servent à mon père, les jours où il donne Concert d'Amateurs.

GILLES.

Mettons ici le fauteuil de M. Cassandre, auprès son petit paravent, pour lui servir d'appui: ... voilà la loge toute prête ...

COLOMBINE.

Et la musique ...

GILLES.

Nous allons prendre de côté et d'autres, dans les partitions du papa ...

AIR : Vaudeville de la fille en Lotterie.

Pour avoir plus d'un air choisi,
Pillons la France et l'Allemagne;
S'il le faut, nous pouvons aussi
Piller l'Italie et l'Espagne.
Vienne et Madrid, Rome et Paris,
Deviendront notre patrimoine;
Et de ces pays réunis
Nous ferons une Macédoine.

UN MUSICIEN.

Il a raison!

GILLES.

J'entends M. Cassandre: à vos places.

SCÈNE XIII.

LES MÊMES, CASSANDRE, ARLEQUIN.

CASSANDRE, *assis dans sa loge.*

AH! me voilà donc enfin à l'Opéra! ... Est-ce commencé?

ARLEQUIN.

Pas encore, on lève la rampe.

CASSANDRE.

Y a-t-il beaucoup de monde?

ARLEQUIN.

Mais, pas mal.

CASSANDRE.

La société est-elle brillante?...

ARLEQUIN.

Je vous en réponds.

AIR : Avez-vous sous le même toit.

Ici, mille objets enchanteurs
Se disputent le droit de plaire;
Mon œil croit voir autant de fleurs
Qui s'élèvent sur un parterre.
Quel que soit le secret pouvoir
D'une harmonie et douce et tendre,
Malgré nous, le plaisir de voir
L'emporte sur celui d'entendre.

CASSANDRE.

Et les loges?

ARLEQUIN.

Sont remplies de femmes charmantes.

AIR : Elle a quinze ans.

Ici, d'une brune piquante,
J'aime le minois séduisant;
Plus loin j'aime l'air languissant
De cette blonde intéressante.
Tout nous ravit, tout nous enchante.
Entre mille objets pleins d'appas,
Du choix nous avons l'embarras.
Que je vous plains, (*bis.*) vous ne les voyez pas. (*bis*).

CASSANDRE.

Cela ne commence pas, je perds patience!

ARLEQUIN.

Vous avez tort, car on en a besoin.

AIR : Ainsi, jadis un grand prophète.

S'il faut que la pièce commence,
Maint acteur n'en finit jamais.

CASSANDRE.

Alors tu voudras bien, je pense,
M'avertir. . .

ARLEQUIN.

Je vous le promets.
Mais à quoi sert qu'on vous dévoile
L'instant où l'on doit commencer :
Un sifflet fait lever la toile.

CASSANDRE.

Plus d'un, souvent, la fait baisser.

ARLEQUIN.

Cela s'est vu.

CASSANDRE.

Le parterre parait-il bien disposé?...

ARLEQUIN.

AIR : Vaudeville de Florian.

Le public se montre indulgent
Quand il voit qu'on cherche à lui plaire ;
Mais, si l'on s'oublie un moment,
Bientôt il se montre sévère.
S'il rencontre des traits heureux,
L'auteur voit couronner sa muse ;
Mais quand l'ouvrage est ennuyeux,
C'est à ses dépens qu'on s'amuse.

(Arlequin frappe du pied.)

Voilà les trois coups ; silence ! ...

(On exécute une symphonie.)

CASSANDRE.

Bravo ! bravo !

ARLEQUIN, *s'éloignant de M. Cassandre.*

A présent on va chanter.

AIR : Dans l'asyle de l'innocence.

Par le bonheur l'amour balance
Tous les chagrins que nous cause l'amour :
On ne pourrait, sans les maux de l'absence,
Goûter les plaisirs du retour.

COLOMBINE, *s'accompagnant au piano.*

Tout le charme qu'un cœur fidèle
Peut éprouver à l'instant du retour,
Est trop payé par l'absence cruelle,
N'eût-elle duré qu'un seul jour.

(Après la romance, Arlequin va se placer auprès de Cassandre, et Gilles auprès de Colombine.)

CASSANDRE.

Cela m'attendrit!

GILLES, *à Colombine.*

Il est bien bon!

ARLEQUIN, *à part.*

Voilà le moment d'exécuter mon projet. *(haut.)* Oh! ciel! ...

CASSANDRE.

Qu'est-ce que tu as donc? ...

ARLEQUIN.

Je ne me trompe pas, Gilles avec Colombine ...

CASSANDRE.

Comment? ma fille ... mais je l'ai laissée à la maison ... Où donc est-elle?

ARLEQUIN.

Dans la loge à côté.

CASSANDRE.

Je ne souffrirai pas ...

ARLEQUIN.

Chut! ... ils ne nous voient pas; écoutez ...

GILLES, *à part.*

M. Cassandre ne peut m'entendre; profitons des conseils d'Arlequin. *(à Colombine.)* Mademoiselle, je puis vous parler de mon amour.

COLOMBINE.

Monsieur, c'est à mon père qu'il faut vous adresser.

CASSANDRE.

Quels principes!

GILLES, *à Colombine.*

Laissez donc! je mène le bonhomme comme je veux.

CASSANDRE.

Et je lui aurais donné ma fille!

GILLES, *à Colombine.*

Et la preuve, que je tiens plus à votre aveu qu'au sien; c'est que, si vous voulez, nous nous en passerons.

ARLEQUIN, *à Cassandre.*

Vous l'entendez?

CASSANDRE.

Ah! si nous n'étions pas à l'Opéra ... mais après le Concert nous nous expliquerons.

SCÈNE XIV ET DERNIÈRE.

LES MÊMES, DUBREUIL.

DUBREUIL.

BON soir, mon cher Cassandre...

CASSANDRE.

Chut! chut! ... paix donc ...

DUBREUIL.

Comment? tu ne veux pas que je te dise bon soir?...

CASSANDRE.

Mais on n'interrompt pas: nous causerons dans l'entre-acte.

ARLEQUIN.

Quel contre-tems! ...

CASSANDRE.

La place est bonne, allons, mets-toi là... tu verras les acteurs comme si tu étais sur le théâtre.

DUBREUIL.

Tu n'es donc pas venu à l'Opéra?

CASSANDRE.

Quelle question?...es-tu fou?...ne parle donc pas si haut...

DUBREUIL.

Je ne te comprends pas; j'en sors, et je ne t'ai pas vu.

CASSANDRE.

Mais tais-toi donc, ou le parterre va crier.

ARLEQUIN, *àpart.*

Oh! la bonne idée... Crions.

TOUS.

Paix donc! messieurs, à la porte!

GILLES.

A bas la cabale!

CASSANDRE.

Tu vois bien; assieds-toi donc et écoute...

DUBREUIL.

Ah ça! mais,... jouons-nous la comédie?...

CASSANDRE.

Eh! non, c'est un Concert.

TOUS.

Silence donc!

ARLEQUIN, *à Dubreuil.*

Monsieur, ne nous trahissez pas...

DUBREUIL, *haut.*

Que ne m'avertissiez-vous?... je n'aurais rien dit, si j'avais su que c'était une plaisanterie!...

CASSANDRE.

Comment! une plaisanterie!... qu'est-ce que cela veut dire?...

DUBREUIL.

Cela veut dire que ne pouvant aller à l'Opéra, on te donne un Concert chez toi.

CASSANDRE, *riant.*

Ah! je devine!

GILLES.

Quand on le lui a dit.

CASSANDRE.

Mais comment a-t-on pu me tromper?...

DUBREUIL.

AIR : *J'ai vu par-tout dans mes voyages.*

Aisément on doit se méprendre
Quand les yeux ne peuvent rien voir;
Et sur ce point, mon cher Cassandre,
Le sort t'enlève tout espoir.
Il t'a privé de la lumière,
Mais voulant adoucir ses lois,
Il t'a donné le cœur d'un père.

ARLEQUIN.

Pour le rendre aveugle deux fois. (*bis.*)

CASSANDRE.

Mais qui donc a conduit tout cela?....

ARLEQUIN.

Gilles, malgré sa promesse, n'avait pas de billets ... Je sais que vous êtes fou de musique, j'ai voulu vous en faire entendre, et de ma façon; me pardonnerez-vous le desir de vous plaire?...

CASSANDRE.

Comment te pardonner?... Je te remercie...

ARLEQUIN.

L'espoir d'épouser Colombine!...

CASSANDRE.

Ah! elle était du complot? ... Eh! ... oui ... la romance...

GILLES.

M. Cassandre, j'espère que vous êtes content?

CASSANDRE.

Comment, monsieur, vous osez paraître devant moi après ce que j'ai entendu? ... allez vil suborneur, je vous méprise, je vous déteste...

GILLES.

Mais M. Cassandre...

CASSANDRE.

Même air.

Oui, je vous hais, je le répète ;
Et sans l'argent que je vous dois...

ARLEQUIN.

Moi, je me charge de la dette.

CASSANDRE.

Arlequin, ma fille est à toi.

ARLEQUIN, *à Gilles.*

Pour tes calculs on te renomme ;
Mais je les entends mieux encor :...
Je te paie une faible somme,
Et tu me cèdes un trésor...

GILLES.

M. Cassandre, je m'en vengerai, et je vous ferai bien voir...

CASSANDRE.

Fais-moi ce plaisir là!...

DUBREUIL.

Que ce qui t'arrive te serve de leçon pour l'année prochaine.

CASSANDRE.

Ma foi, je n'oublierai de long-tems la comédie qu'Arlequin m'a jouée...

ARLEQUIN.

Eh! M. Cassandre, où ne la joue-t-on pas?...

VAUDEVILLE.

ARLEQUIN.

AIR : Vaudeville de la Nuit manquée.

La vie est bien une comédie,
Où nous avons un emploi différent :
Du plus au moins l'intrigue varie,
Mais c'est toujours le même dénouement.

TOUS.

La vie, etc.

ARLEQUIN.

Vois-je un amant qu'une coquette abuse :
Quand de la belle il croit le cœur dupé,
La pièce alors est *Ruse contre Ruse ;*
Mais à la fin c'est *le Trompeur trompé.*

TOUS.

La vie, etc.

DUBREUIL.

Après avoir, auprès de mainte belle,
Joué par fois *le Séducteur*, le jour,
Le soir, l'époux, chez sa femme fidelle,
Revient jouer *le Jaloux sans amour.*

TOUS.

La vie, etc.

CASSANDRE.

Plus d'un frippon, qui se trompe de poche,
Sait dans la foule imiter *le Distrait :*
Combien de sots, arrivés par le coche,
Devraient jouer le rôle du *Muet.*

TOUS.

La vie, etc.

GILLES.

C'est vainement qu'on voudrait me combattre :
Telle beauté, fière de ses attraits,
Dans sa maison, faisant *le Diable à quatre*,
Va dans Paris jouer *la fausse Agnès.*

TOUS.

La vie, etc.

COLOMBINE, *au public.*

A l'Opéra, quand la foule s'empresse
Pour admirer maint chef-d'œuvre nouveau,
Daignerez-vous, malgré notre faiblesse,
Nous accorder un sourire, un bravo.

Que l'indulgence aujourd'hui vous guide ;
Et quand l'auteur, en ce fatal moment,
Pour rôle a pris celui du *Timide*,
Ne jouez pas le rôle du *Méchant.*

TOUS.

Que l'indulgence, etc.

FIN.

www.ingramcontent.com/pod-product-compliance
Ingram Content Group UK Ltd.
Pitfield, Milton Keynes, MK11 3LW, UK
UKHW020509180726
13839UKWH00004B/1986